Qui que quoi quand la poésie
réponses d'un poète

Jean-Hugues Malineau

Qui que quoi quand la poésie

réponses d'un poète

MiLAN POCHE

Très souvent appelé à rencontrer des enfants et des adolescents, j'ai écrit ce recueil à votre intention à partir de vos questions les plus fréquentes ou les plus originales (ces dernières étant souvent le fait des enfants les plus jeunes).

Parfois insatisfait de mes réponses orales, partielles, j'ai essayé ici de répondre par des poèmes ou des comptines à toutes vos interrogations concernant le poète et le poème.

En répondant ainsi, j'ai eu le sentiment de pouvoir exprimer de l'intérieur le comment de la création poétique. C'était là aussi l'occasion de démystifier un certain nombre d'idées reçues, d'éclairer réellement les rapports qui s'établissent entre le singulier et l'universel au sein du poème et surtout d'éveiller peut-être en vous le désir de créer à votre tour.

J.-H. M.

Qu'est-ce qu'il faut pour « faire » poète ?

Mes yeux à l'affût
    mes doigts aux aguets
    mes oreilles sur le « qui-vive »
    mon goût, mon odorat qui veillent
    tant le jour que la nuit durant
je frémis aux moindres musiques de l'herbe.

L'humour et la raison en bandoulière
    j'épie
    le moindre nuage qui s'amuse
    pour le livrer à mon imagination
    d'enfant éternel.

Un chant d'oiseau, son nom,
                    [celui de son logis peut-être
        et c'est la musique des mots
        qui capture une image
        vivante au rythme de mes pas.

Parmi toutes les armes
        tous les outils de l'arsenal
        il en est un pourtant que je préfère
                        [à tous les autres
        plus délicat que l'acier de ma logique
        plus fragile que mon courage, ma ténacité
        que mon travail même
        il n'a pas toujours été facile de le préserver
        depuis cinquante années d'éveil sur cette
                                [terre.

Cette arme si souvent retournée
        contre nous-mêmes
        cette arme qui vous permet encore
        de pleurer et de rire

de trembler comme de rougir
celle qui capte le moindre signe
dans les chemins de l'être
celle qui voit au plus profond des choses
celle qui écoute mieux que l'oreille
les bruissements du cœur
celle qui caresse ou se hérisse
au moindre battement des paupières
celle qui fait souffrir d'exister
et s'émerveiller de vivre
c'est ma sensibilité d'enfant
que je sais mon plus précieux trésor
toujours présente à fleur de mots.

Quand vous étiez petit,
est-ce que vous vouliez être poète?

Comme des navires de haute mer
comme des navires poussés par les vents
        de haute mer
les saisons faisaient escale
dans mes yeux d'enfant
avec leur cargaison d'odeurs
d'humus d'iode et d'épices
avec leur chair de coulemelle
        de palourde ou de lavagnon
la soute pleine de mots nouveaux
        fertiles dans les neiges
        ou dans le vent des dunes.

À l'ancre
à la fenêtre de l'aube
ou devant la flamme d'une cheminée
        où le bois sentait bon
        je déchiffrais
        la main dans celle d'un grand-père vigilant
        toutes les terres à l'horizon
toutes les vagues sous les constellations
à la misaine d'un âge
que l'on dit « de raison ».

Combien de temps vous mettez
pour écrire un poème?
Combien vous gagnez d'argent?
Combien de poèmes
avez-vous écrits?
Combien de poètes
connaissez-vous?
À quel âge avez-vous commencé?
Combien de livres
pour enfants vous avez écrits?
Combien vous avez d'enfants?
Est-ce que vous êtes célèbre?
Est-ce que vous êtes déjà passé
à la télévision?
Combien vous écrivez
de poèmes par jour?
Combien?

…

Quarante douze fois deux vers
multiplié par trent'-six sous
deux francs et dix-huit primevères
deux gros navets cinq cent trois choux,
moins sept ans pour ouvrir les yeux
et six jours de coma profond
plus la nuit où j'ai dormi mieux
les pieds en l'air dos au plafond,
divisé par trois frères et sœur
deux minutes quatre saisons,
je retiens sur mes doigts six pleurs
un instant et la déraison.

Je **soustrais** deux soupçons en fleurs
six soucis à la fin du mois
un bouquet de secondes à l'heure
où j'écris le cœur en émoi.

Plus un' poignée d'amis fidèles
qui comptent pour dix doigts chacun
le regard et le cœur de celle
sans laquell' je ne suis plus rien

Plus l'innocence et la beauté
à trente écus les six cents grammes
auxquelles nous devons ôter
le capitaine d'Am stram gram
quand il était petit garçon
et qu'il avait choisi pour femme
une comptine et six chansons
à douze pieds par hectogramme.

Moins hélas ôté de mes gages
la racine de mon salaire
moins enfin sur plus d'un hectare

de brouillons et de signatures
moissonnées un peu au hasard
tous les sillons de mes ratures.

Et nous salsifions à la pomme rondelette
     d'une muse sans chaussettes
     d'une lyre par brouette
     d'un dirham par odelette
     d'un radis pour le poète !

D'où vient votre inspiration ?

Je me nourris de la lumière dans les bouleaux
et de la brise dans les peupliers d'automne
Je me nourris d'écume à la crête des vagues
d'une touffe d'herbe habitée
du murmure des rivières
ou du parfum des terres après l'ondée
Je me nourris du silence
Je me nourris de quelques cailloux bien lisses
[sur la grève
d'une pierre ou deux choisies
entre cent millions d'autres
Je me nourris d'événements aussi gigantesques

que la chute d'une feuille
qu'un sourire de ma petite fille
qu'un vol de libellule autour un jonc
J'ai un appétit de géant dans les yeux
dans les paumes, dans l'oreille…
Féroce, je me nourris pourtant très bien
de quelques regards dans le mien
de quelques mots parmi la foule

Parfois une question d'enfant
délicieuse comme un babil de chardonneret
ouvre mon appétit
pour cent becquetées d'aube
mon appétit d'ogre,
mon appétit d'œuf d'autruche.
Et je dévore en un clin d'œil
un soleil couchant sur la mer
une longue nuit dans mon palais
et l'aurore au plus profond de mon estomac
du petit creux éternel de mon estomac
avide.

Pourquoi vous écrivez ?

Pour un rire d'enfant

pour son écho parmi les hommes
pour faire dresser des poings
et rejoindre des paumes
pour désigner du doigt
tous les instants du jour
et leur éternité dans une nuit offerte.

Pour des mots qui mourraient
de perdre leurs couleurs
pour la tribu de ceux que je veux maintenir
et pour tous les visages
du vivant qui palpite.

Pour la source et la vague
le roseau et la plume
pour les gens qui m'écoutent
comme pour ceux qui veillent
pour partager la peine
croire au feu comme au vent
et attiser la braise.

Pour toucher de mon corps
le frileux
le timide
pour éveiller l'espoir
l'amour ou la colère.

Pour démasquer la mort
parmi les habitudes
émerveiller mes vies
de mon émerveillement.

Pour quelques traces sur les dunes
pour les oreilles buissonnières
les lèvres de sable mouvant

pour les paupières closes
pour les yeux grands ouverts
les ongles du regard
la renaissance des narines.

Pour dire non
pour dire oui
pour confier à demain
tous les trésors premiers
pour mieux dire « bonjour »
et beaucoup mieux « je t'aime »
pour que la solitude
rejoigne l'universel.

Pour l'enfant que je fus
pour qu'il s'avance en moi
sans répit sans relâche
impitoyablement
afin comme le poème
qu'il m'oblige avec lui
à avancer plus nu
plus vrai et plus lucide.

Quand vous avez « fini » un poème est-ce que vous êtes étonné par ce que vous avez écrit?

À l'image de ton dernier dessin petit homme
à l'image de ta main qui se risque
et invente des mondes
de couleurs et de formes
en se maîtrisant
en s'abandonnant,
la colère ou l'émerveillement
m'ayant mis en selle,
je pars moi aussi
pour un galop plus ou moins long.

Éperonné par l'émotion
je vais au rythme de mon coursier
tenant les rênes plus ou moins lâches
dans ma main
parfois virant
parfois freinant
le plus souvent à bride abattue
quitte à revenir
à rebrousser chemin
à stopper mon cheval fou
dans un espace trop buissonneux
trop périlleux
dans un pays trop étrange
ou incompréhensible.

Parfois inquiet
toujours surpris
je découvre sous ses sabots
des contrées inconnues
où je m'aventure avec lui seul.
Parfois clémentes
parfois torrides
il me conduit

dans des régions peu ou pas habitées
des landes des grèves ou des forêts
qu'ils me semblent parfois
avoir dessinées enfant.

Depuis des années
que nous chevauchons ensemble
après des centaines de chutes
des milliers d'égratignures
des nuits blanches
et des nuits rouges
après tant et tant d'errance
de fausses routes
et de mots déchirés
je lui garde toute ma confiance
pour m'égarer encore
et pour que celle-ci soit réciproque
je lui laisse aussi
sa liberté propre
fragile et perpétuel équilibre
sans lequel il n'avancerait plus
comme un âne têtu.

Poème après poème
je crois pourtant
savoir mieux aujourd'hui
le décider
à m'emmener
là où il veut !

J'ai toujours haï les chevaux de manège
qui ne savent que tourner en rond.
Pourquoi chevaucher ceux
dociles et rassurants
qui sont incapables de vous surprendre
incapables de vous emmener
plus loin que vous-même
que le bout de vos idées ?
Je n'aime que ce coursier sauvage
qui me force et qui m'habite
comme une horde
de pur-sang familiers.

Additif à propos
de la création de comptines
ou de poèmes pour les enfants.

Il est un autre cheval dans l'écurie
que je ne monte à cru que par moments
c'est celui qui m'emmène au pays des comptines.
Très indiscipliné par nature
au pas au trot ou au galop
sans que je lui commande
il a fait du rythme et de la musique
presque ses seuls maîtres.
Pour rire il conduit les mots
presqu' à sa guise
cent fois il désobéit
cent fois vous décevez sa fantaisie
mais lorsque par miracle
vous faites corps avec lui
ça déménage dans les manèges
des méninges
on ne fait plus le singe
il ne fait pas le beau
mais on retombe sur ses sabots.

*On dit que les poètes
n'ont pas les pieds sur terre…
mais la tête dans les nuages,
et vous?*

Parce que le poète conserve et témoigne
parce qu'il écoute
parce qu'il partage le désir de l'enfant
le cri du fauve blessé
la joie du vent comme celle des hommes
parce qu'il tremble d'une brise
et frémit d'une respiration

parce qu'il entend la douleur infime
parce qu'il observe, scrute, dissèque sans répit
le monde entier qui nous entoure
parce qu'il se poste en première ligne

quand l'image de l'homme est menacée
parce qu'il rêve à voix basse
et lutte à voix haute
parce qu'il s'insurge et s'embrase
de colère ou d'amour à chacun de ses pas

parce que sa parole est universelle
et que ses mots sont ceux de tous les jours
parce qu'il se bat pour les conquérir
et les faire partager
parce que son verbe prend ses racines
dans une terre réelle
et dans l'humus des civilisations

parce qu'il entretient toujours intactes
la flamme de l'insurrection
la flamme de l'exigence
et celle de la lucidité
parce qu'il est le gardien vigilant
        de toutes les formes de la beauté
parce qu'il questionne
parce qu'il interroge sans relâche
éternel bouleversé

parce qu'il est la force du métal
et la fragilité du jonc
parce qu'il vacille, qu'il chute et s'aventure
et se précède dans l'inconnu
parce que vraie est sa douleur
de la misère humaine
et réel son combat

parce que son émotion démesurée
est seule à la mesure des mondes
qui se construisent et s'écroulent
parce qu'il perçoit l'éphémère le frêle et l'infime
dans ses doigts, dans ses paumes
et dans ses mains tendues
parce qu'il engage sur une corde raide
sa vie d'homme tout entière
dans sa parole en équilibre

alors plus que quiconque
le poète foule la terre des hommes
alors plus que quiconque
     il est au cœur de l'homme
     il est au cœur du monde.

… Néanmoins…
(pour supplément… d'information)

I

Un après-midi de printemps
près d'une mappemonde
derrière la vitre d'une classe
ou adossé à un vieux chêne
         à un baobab ou à un cerisier du Japon
un enfant tire par la manche son voisin
« Regarde… on dirait… »

… Dans le ciel changeant
         le temps écoute
         et les nuages dessinent
des faunes éphémères, des barbus anonymes
         ou des dragons imaginaires.

II

Dans mon pays de petit garçon
    les mains du vent marin
    déchirent parfois les nuages sombres
    avant l'orage imminent.

    un court instant
    une harpe de lumière
    éclaire alors un clocher roman
    dans la paume d'un vallon
    puis résonnent les grandes orgues
    de l'odeur de la terre humide
dans les narines.

Enfant
terrifié et béat
je croyais que Dieu
allait m'apparaître dans le ciel noir
et m'appeler par mon petit nom !

*Vous écrivez des poèmes,
c'est bien, mais pourquoi
vous continuez d'en écrire?*

Petit garçon déjà je haïssais l'instant horrible et inévitable où il fallait faire demi-tour au cours d'une quête de champignons, de fleurs, d'émotions, d'inconnu.

Souvent tôt parti dans la montagne – et seul – j'allais d'une trouvaille à l'autre, d'un bolet à une chanterelle, d'une lisière à une clairière, d'une ancolie à un chardon bleu, persuadé que l'endroit le plus propice, la fleur la plus rare, le paysage le plus sauvage étaient toujours à venir, étaient toujours plus haut ou plus loin devant moi.

La promesse hasardeuse du passage d'un chamois, celle de la première poussée d'oronges, celle de l'edelweiss ou du lys martagon m'entraînaient souvent ainsi la matinée ou le jour durant jusqu'aux lignes de crête, balcons périlleux d'où je découvrais la chaîne du Mont-Blanc et ses neiges éternelles.

Et là, un nouveau désir terrible m'étreignait de gravir les glaciers de marcher dans les neiges jusqu'au sommet.

Y serais-je parvenu que sûrement le désir d'escalader des nuages roses et orangés jusqu'au soleil couchant qui surplombait les pics, serait né, impérieux, dans mon cœur haletant.

Ainsi, les sentiers, les chemins et les voies de l'écriture sont-ils jalonnés, de poème en poème, de la curiosité, de la volonté, de la tentation d'aller toujours plus loin ; chaque avancée, chaque échec comme chaque illumination conduit au désir vital toujours nouveau de s'aventurer plus avant vers nous-mêmes et – par le biais du poème – vers l'universel.

J'ignorais enfant jusqu'où mes pas me conduiraient, qu'importe, c'est la route et l'avancée elle-même qui sont impérieuses, le fait que nous allions sans cesse de volontés en curiosités, de désirs en désirs, de doutes en émerveillements, de luttes en découragements, de colère en amour d'exister, parce qu'il n'est pas d'autre manière de vivre au monde.

*Jusqu'à quand
vous continuerez d'écrire?*

Je ne me lasse pas
    du bonheur d'écouter
    du bonheur de regarder
    du bonheur d'aimer
    du bonheur de respirer
    de la joie d'exister
    de la joie d'un papillon
    du bonheur des quatre saisons

Je ne me lasse pas
    de rêver
    de penser
    de m'aventurer
    chaque printemps
    chaque hiver de ma vie

et c'est comme si
le goût d'un fruit
d'un champignon
l'émerveillement du premier flocon
du passage du martin-pêcheur
l'émotion d'une odeur de viorne
d'aubépine ou de chèvrefeuille
étaient toujours premiers
Comme si je les éprouvais multipliés
pour la première centième fois
avec un étonnement vierge
avec un désir toujours renouvelé

Les années ont gommé une part de colère en moi
je garde pourtant
toujours assez de révolte
pour surgir et pour me battre
quand autour de moi
l'image de l'homme est menacée
je garde assez de forces
pour aimer un lilas
soigner un rouge-gorge.

Je garde en germe
dans une vie apaisée
toutes les graines
des printemps à venir

Un jour peut-être
la fatigue et la douleur
du corps barbelé d'épines
gagneront trop de terrain
mais au cœur de la maladie
de la souffrance
de la sénilité peut-être
jusqu'à notre dernier parfum
et jusqu'au souvenir
de l'amour en bouton
je fusionnerai encore avec la rose.

*Quand est-ce qu'un poème
est bon ou pas bon ?*

Quand en lisant tu ris, tu souris, tu t'amuses
ou quand les mots t'entraînent à rêver à
        ton tour
quand ils jouent du violon, du tam-tam ou
        du fifre dans ton oreille qui savoure
quand ils font saliver ton désir de caresses
quand ils sentent le bois, la vague ou le pollen
        au cœur de ta pupille
quand ils sont dans la bouche des friandises
        ou des fruits de fourrure

Quand ils réveillent en toi un souvenir perdu
quand ils disent à voix haute tes secrets
        les plus lourds
        ou qu'ils devinent en toi d'étranges
        pays lointains à la lisière desquels tu
        craignais d'être seul.

Quand après eux tu te découvres plus grand et
        plus enfant, plus vrai, plus vulnérable
        plus fort et sûrement plus fragile.

Quand ils te donnent enfin l'envie de dire,
        de peindre le cœur des choses ou de danser
        ta vie, de chanter comme un arbre, d'aller
        comme le vent, le regard ou la main...

Tu rencontres alors un poème
        d'un ami inconnu !

TABLE DES MATIÈRES

Achevé d'imprimer par France-Quercy, à Cahors
Dépôt légal : 3e trimestre 2000
N° d'impression : 01312